# UNE SANCTION :

# LA PATRIE FRANÇAISE

ÉLOGE DU PRÉSIDENT CARNOT

## DISCOURS

*prononcé à la distribution des prix du lycée Buffon
le 31 juillet 1894*

PAR

# PAUL DELOMBRE

Député des Basses-Alpes

PARIS

IMPRIMERIE C. PARISET

101, rue de Richelieu, 101

1894

# UNE SANCTION :

# LA PATRIE FRANÇAISE

---

## ÉLOGE DU PRÉSIDENT CARNOT

---

MESDAMES, MESSIEURS, MES CHERS AMIS,

Vous m'en voudriez, n'est-il pas vrai, si je ne me faisais pas votre interprète pour remercier, tout d'abord, l'homme de dévouement et de cœur, le Proviseur plein de savoir, d'autorité et de tact, qui a su porter déjà si haut le renom du Lycée Buffon.

Je trahirais votre attente, si je n'adressais pas également, en votre nom, un mot de reconnaissance aux maîtres éminents que M. Dalimier a su grouper autour de lui, et qui contribuent si efficacement à la prospérité de cette Maison.

Je suis certain de répondre encore à votre désir, en disant le charme de l'allocution que vient de prononcer votre excellent professeur, M. Glachant. Il vous a permis d'en juger : une idée morale, de bons conseils, un sentiment capable d'éveiller de durables émotions, n'ont pas besoin de longs discours pour trouver une expression éloquente, germe fécond pour les esprits. Ainsi quelques graines de choix recèlent et préparent des moissons.

M. Glachant vous a parlé de l'idée de sanction. Je voudrais — m'inspirant de son exemple et prolongeant en quelque sorte l'écho de cette généreuse parole, — vous entretenir (oh! très brièvement) d'une sanction particulière de nos efforts, de notre activité, de notre initiative; je voudrais désigner à vos ambitions la récompense souveraine, le prix le plus digne d'exciter l'émulation, celui qui, dans toutes les circonstances de la vie, quels que soient, mes amis, votre âge, votre rang, votre condition, devra toujours vous enflammer, vous passionner, vous soutenir : je veux dire la grandeur, l'influence, l'éclat de la patrie française.

Nous avons reçu un dépôt dont nous devons compte à l'avenir. Pour nous ont travaillé, ont lutté, ont souffert, de longues suites de générations. De leurs sacrifices, de leur labeur obstiné, de leur probité, de leur soif d'idéal, de leurs aspirations vers la justice et vers la liberté, il s'est dégagé ce pur génie qui est la France.

Pleine de pitié pour les misérables — individus à secourir ou peuples à émanciper, — tendre aux déshérités, prodigue d'elle-même, éprise de tout ce qui est beau et bien, artiste adorable, douée de toutes les grâces et de toutes les délicatesses — et comment n'en serait-il pas ainsi ? l'art, c'est de l'âme épanouie, — redoutable dans la guerre, mais attachée à la paix, alliant à une sève extraordinaire d'enthousiasme le bon sens le plus robuste, nourricière de civilisation et d'humanité, telle apparaît au monde notre douce France, telle nous l'ont léguée nos aïeux.

Ce que nous serons, elle le sera ! Chacun de nos actes influe sur ses destinées. En vain, à force d'obscurité, nous nous flatterions d'éluder cette terrible responsabilité : elle nous tient. Fiers, justes, généreux, nous faisons la France meilleure, plus puissante au dedans et au dehors. Si nous valons moins, elle est affaiblie. Nous abaisser, c'est la trahir.

Ah ! Messieurs, si nous allions cesser de nous tourner vers les clartés éternelles ! Si nous n'allions plus croire au Droit, à la Liberté, à l'imprescriptible majesté du foyer domestique, à l'inviolabilité de la conscience ! Ou bien, si, oublieux de la solidarité nationale, nous allions nous diviser, nous combattre, nous haïr les uns les autres, nous diminuant ainsi et laissant se consumer la patrie comme s'use et s'éteint un flambeau !

Prenons-y garde ! Les nations étrangères se développent. Ce siècle a vu se constituer ou renaître des Etats devant lesquels pâlirait presque notre antique splendeur. N'en est-il pas, même, dont une partie de la force n'est que le fruit de nos fautes ? Suivant que nous mettrons ou non notre orgueil à les réparer, suivant notre conduite, suivant nos vertus, nous serons ou non fidèles à ceux qui firent de la France le foyer de la civilisation.

Il le savait bien, le citoyen accompli, le magistrat intègre, ce Français entre tous les

Français, qu'un coup si soudain vient de ravir au respect, à l'affection de tout un peuple !

Devant l'affliction si spontanée et si profonde qui, à la mort tragique du Président Carnot, a saisi tous les cœurs, on s'est demandé à quelles causes intimes tenait ce deuil national ; et les réponses de se presser : — Au seul nom de Carnot, quelle évocation d'enthousiasmes, de luttes héroïques, de drapeaux s'agitant au souffle de la victoire, que de gloires, Messieurs, et que d'espérances ! Puis, quelle dignité ! Quelle correction ! Quel sentiment du devoir ! Dans la vie privée, quel souci de ce qui reste, en dépit des calomniateurs, la parure et l'honneur de ce pays, j'entends le respect de la famille ; quelle noble épouse ,admirable compagne, aujourd'hui deux fois chère à la France ! Dans la vie publique, que de courage, quel calme, quelle réconfortante confiance, pendant l'une des crises, à l'une des heures les plus douloureuses de notre histoire ! Quel lustre rendu à la première magistrature de la République, quelle autorité restituée à la France ! Et, en récompense, quelle fin !

Eh bien ! Messieurs, tous ces traits ne sont rien, ils n'expliqueraient, du moins, que d'une façon encore bien imparfaite cet attendrissement général, ces foules empressées et recueillies, ce long cortège de députations désolées, ces larmes, ces couronnes, et, à travers la France entière, jusque dans nos hameaux les plus reculés, cette plainte, ce frisson d'horreur, d'indignation et de colère.

Si chacun de nous s'est senti frappé, s'il nous a semblé réellement que nous perdions quelqu'un des nôtres et le meilleur d'entre nous, c'est que le Président Carnot aima et sut servir la patrie ; c'est qu'il comprit et rendit à merveille cet instinct qui, devant le péril étranger, nous rapproche et, de toutes les poitrines françaises, ne fait plus qu'une poitrine ; seulement — et là sera sa gloire impérissable ! — c'est aussi dans la paix que ce grand citoyen nous voulait tous unis, résolus et solidaires. Au milieu des vicissitudes des partis, il représentait l'âme permanente de la France.

De l'entier relèvement de la patrie française, de la réconciliation nécessaire de tous ses fils, de l'oubli des discordes civiles, il avait fait son unique ambition. Avec son dévouement infatigable au bien public, son absolue abnégation, son inaltérable urbanité, cette bienveillance, cette bonté, ce sourire, — si doux à ceux qui l'approchèrent ! — cette sérénité empreinte en tous ses actes, cette sagesse en tous ses conseils, il s'était révélé peu à peu aux masses, — elles sentent qui les aime, — comme le chef vénéré de la grande famille française.

Il avait rêvé de la rassembler toute en un même élan fraternel.

Lorsque, le 3 décembre 1887, il apprit son élévation à la Présidence de la République, ses premières paroles reflétèrent aussitôt cette préoccupation patriotique : « Je suis, dit-il, pénétré de reconnaissance envers les membres de l'Assemblée Nationale qui, en réunissant leurs suffrages sur mon nom, ont si hautement témoigné *du désir de pacification et de concorde* dont la France républicaine est animée. »

Dans son Message du 14 décembre, prenant officiellement possession du pouvoir, il insiste sur cette pensée; il dit à la France : « Pour celui des Français à qui est échu le grand honneur de recueillir ces suffrages, le premier devoir est de s'inspirer *d'un si évident esprit de concorde et d'union* ». Et il ajoute : « L'imposante manifestation du 3 décembre m'autorise, Messieurs les Sénateurs et Messieurs les Députés, à faire hautement appel à *votre patriotisme pour une politique de progrès, d'apaisement et de concorde* ».

Arrivent les fêtes inoubliables du Centenaire de 1789; les Maires de toutes les communes de France s'assemblent à Paris, et voici quelles admirables paroles leur adresse le Président Carnot :

« J'ai pleine confiance, Messieurs, dans le sens éclairé, dans la droiture, dans la noble fierté de ce grand peuple de France, qu'on peut abuser une heure, mais qui sait se retrouver et faire entendre sa voix souveraine... Il saura obtenir l'oubli des discordes passagères, des divisions néfastes, qui ont, à certaines heures, jeté dans notre pays des germes de découragement et de faiblesse. *Il saura former un faisceau de toutes les forces républicaines et réconcilier tous les fils de 89 au nom de la patrie* ».

Ah! Messieurs, comment, à de tels accents, la France n'eût-elle pas tressailli, et comment.

n'eût-elle pas senti attaché à elle, aux fibres les plus intimes de son cœur, celui qui répondait si bien à ses propres aspirations !

Pendant sept années d'une magistrature impeccable, il n'est pas un instant où le Président Carnot n'ait obéi à la même idée patriotique ; et vous savez quel a été son dernier discours, — à Lyon, quelques moments à peine avant de tomber sous le couteau d'un assassin.

Rarement, on l'avait vu si radieux. La visite de l'Exposition avait été un enchantement. La ville était resplendissante, toute pavoisée de drapeaux français et de drapeaux russes. Au nom du gouvernement de la République, il dit « la joie profonde » qu'il avait éprouvée en passant « cette superbe revue de nos forces industrielles et commerciales » ; il se plut à rappeler « l'union des couleurs de deux grands peuples » ; il loua « *le concours de tous les efforts, l'accord, la collaboration de tous les enfants de la cité* » qui ont assuré le succès de l'Exposition de Lyon et qui ont permis « d'élever ce monument splendide à la gloire du travail et du génie français ». Et, alors, résumant l'inspiration de toute sa vie, condensant en un vœu suprême toute ses résolutions, tous ses désirs, tout son culte pour la patrie, il dit, — écoutez, mes amis, ces paroles d'outre-tombe :

« C'est un noble et salutaire exemple qui ne sera pas perdu.

» Dans notre chère France, il n'est plus de partis, un seul cœur bat dans toutes les poitrines, quand l'honneur, quand la sécurité, quand les droits de la patrie sont en cause. *L'union de tous ses enfants ne saurait davantage lui faire défaut pour assurer la marche incessante vers le progrès et la justice dont il lui appartient de donner l'exemple au monde* ».

L'homme capable de telles ambitions pour son pays, le chef d'Etat capable d'une telle politique, ne cherchait point la popularité : elle est allée à lui naturellement, en signe de la gratitude intelligente d'un grand peuple.

Méditons cette vie exemplaire qu'a couronnée une telle mort.

Conscients de nos lourdes responsabilités devant l'histoire, vouons les moindres instants de notre fugitive existence à l'expansion matérielle, intellectuelle et morale de la France.

Ayons toujours présente à l'esprit cette redoutable et magnifique sanction : les destinées de la patrie.

Français, donnons-nous ce double idéal : la République, vraiment une et indivisible, demeure aimée, abri familial de tous les Français ; notre France, guide des nations, lumière de l'humanité !

PAUL DELOMBRE,

*Député des Basses-Alpes*

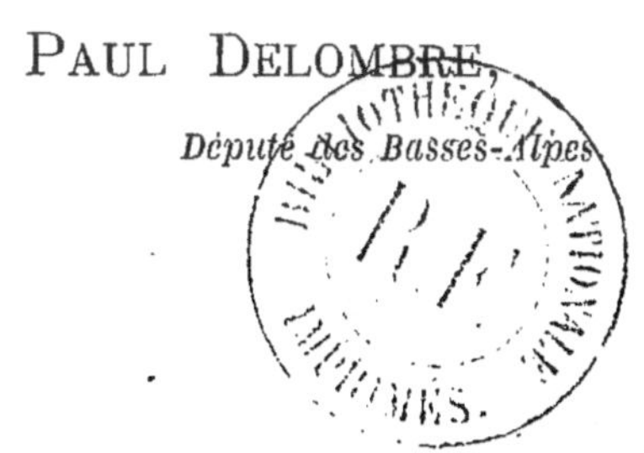

Paris. — Imp. C. PARISET, 101, rue de Richelieu

www.ingramcontent.com/pod-product-compliance
Lightning Source LLC
Chambersburg PA
CBHW050716070726
47597CB00010B/4476